ぼくはドクターになった

ぼくはドクターになった

ぼくのおじいさんがドクターだった
おじいさんはいろんな人から「ありがとう」と言われていた
それがすごくカッコよく思えた

小さいころから　わき目もふらずに努力した
いつも一生懸命　友達と遊ぶのもガマンした
ぼくが夢をかなえるためには
がんばるしかないんだって思ってた

おかげで夢はかなった　ぼくはドクターになった
希望に胸をおどらせて　ぼくはドクターとしてがんばった

だけどどうしたっていうんだろう……
ドクターになって10年がたったころ　ぼくは迷いはじめた

ぼくの生き方はこれでいいんだろうか？
ぼくはこのまま　こうやって生きていくんだろうか？
ずっと追いかけてきた夢がかなったっていうのに
こんなに悩んで　苦しくなってしまうぼくは　どこかおかしいのだろうか？

時間泥棒はどこに？

ドクターはとにかく忙しかった
どこにいても　家で寝ていても　携帯が鳴ったらすぐ出勤
緊急の患者のために　ぼくは休むこともできなかった

でもそれはいいんだ
誰かのためになるのなら　ぼくは全然平気だった

だけど忙しさはそれだけじゃなかったんだ
とにかく仕事が山のようにある
次から次へと患者さんはやって来る
ひとりの患者さんをゆっくり診てる時間なんてない

さらに早く終わって帰ろうとすると
同僚の冷たい視線がつきささる
え、帰っちゃダメなの？
仕事は終わったのに、なんで？……

ぼくは不思議に思った
今はコンピュータもあって　携帯電話もあって
昔に比べて何百倍も効率的になったはずなのに
ぼくたちはゆとりのある生活を送るどころか
もっともっと時間に追われてないかな？

「時間泥棒」が時間を盗んでいるんだ

でもその「時間泥棒」の正体って何だろう？

問題は「漠然とした不安」

せわしなく病院を走り回る製薬会社の人がいた
ぼくはその人をつかまえて聞いてみた
どうしてそんなに忙しそうにしているの？

「家のローンが残ってて……」
何十年ものローンを払い終えたら、ゆっくりできるの？
「娘を大学に入れてやりたいし、学費が必要だし……」
娘さんが大学を卒業したら、忙しさから解放されるの？
「娘が結婚するとなったら、お金が必要で……」
娘さんが結婚したら、自分の好きなことをやれるの？
「孫が生まれたら、何か買ってやりたいし……」
孫が生まれたら、今度こそ自由になれるの？
「あとはやっぱり老後が心配。病気になるかもしれないし……」
安心するためにはいくら必要なの？
1,000万円あったら安心なの？　1億円あったら安心なの？

その人は最後　こう言って笑った
「いつか悠々自適の田舎暮らしがしたいんだ」
ぼくはその「いつか」は　すごく遠いものだろうと思った

きっと問題は「漠然とした将来への不安」にあるんだ

「漠然とした将来への不安」がぼくらをあせらせて

目の前の時間を盗んでいるんだ

交感神経と副交感神経

人の体には交感神経と副交感神経というものがある

わくわくすること　熱くなること　刺激的なこと
これは交感神経がやる仕事
リラックスすること　深呼吸すること　ぼんやりすること
これは副交感神経がやる仕事

交感神経が刺激されると　アドレナリンが放出される
アドレナリンが放出されると　もっともっとと止まらなくなって
中毒みたいになってしまう

今は交感神経ばかりが使われる世の中だ
携帯電話をずっといじっていると
交感神経が刺激されて眠れなくなる
神経のバランスが崩れてしまって
ゆくゆくは自律神経失調症になってしまう

息を吸ったら　吐く
吸った空気と同じだけ吐く
そんなあたりまえのことが　今はどうしてできないんだろう？

交感神経　副交感神経

どっちも大事で　同じくらい必要

刺激を楽しんだら　それと同じだけ休むこと

携帯中毒・スマホ依存症

手持ちぶさたが耐えられない
そうなってしまったのは、携帯電話のせいだ

何もしないということができない
ただ、じっとしていることが苦しい
どうしても携帯をいじってしまう
それはもう中毒だ
携帯中毒　スマホ依存症

携帯の害というのは　まだあまり知られていない
でも 10 年後、20 年後　絶対出てくるとぼくは思う

だって気が付けば　電話番号や地図を忘れている
ナビも計算も自分の頭ではできなくなっている

どんどん脳は退化して
簡単なこともできなくなっているのに
大事な人生の選択なんてできるのだろうか？
「自分にとっての幸せ」とか「人間らしく生きること」とか
見つけ出すことはできるのだろうか？

いったん携帯を置いてみよう
自分の頭で考える訓練をしよう

それができないなら
せめて「自分は携帯中毒になっている」
そんなふうに意識するようにしておこう

資本主義のマジック

仕事をがんばったら　お給料が上がった

お給料が上がったら　いろんなものがほしくなった

こんなにがんばったんだから　少し高いコーヒーを飲もう

少し高いけど車を買おう

少し高いけど便利な町中に住もう

少し高いコーヒーを飲んでいたら　それが当たり前になった

少し高い車に乗ったら　もっと高い外車に乗りたくなった

少し高い町中に住んだら　次は高層マンションに住みたくなった

欲望にはきりがなくて

お金があればあるほど　新たな物欲がわいてくる

そのためにぼくたちは　どんどん忙しく働くことになる

だけどその高いコーヒーは　本当にあなたが飲みたいものだっただろうか？

あなたが本当に乗りたかったのは　その外車だっただろうか？

あなたはもともと高層マンションに住みたかったのだろうか？

その欲望は　資本主義が創り出したものかもしれない

資本主義は　欲望を刺激し

欲望を暴れ回らせる魔法のようなもの

魔法が消えたら

「あれ わたしなんであんなものに夢中だったんだろう？」

とならないよう ご注意を

薬は万能じゃない

ぼくは医者なので薬を出す
だけどいつも減らせる薬がないか考えるようにしている

おかしなことに　患者さんはみんな薬をほしがる
まるで　薬を飲めば病気が治ると決まっているかのように
「先生　薬をください」とぼくに言ってくる

だけど考えてみてほしい
薬には必ず副作用がある
よく効く薬とは　それだけ体に強い作用をもたらす薬だ
それはいい面もあるかもしれないが
当然　悪く働く可能性もある

もちろん処方されるときは　医師がきちんと判断していると思うが
それでも複数の薬を飲んでいる人は注意した方がいい
薬どうしの相互作用で体をいためることもあるからだ

ひとつの目安として５種類以上の薬を飲んでいる人は
主治医に相談した方がいいと思う

薬は万能じゃない

そもそも「絶対に治る薬なんてない」ということを

肝に銘じておくべきだと思う

もしものことがあったら…

家族に病状の説明をしようとしたら
サッと IC レコーダーを回される

「もしものことがあるかもしれませんから…」
そんな場面が最近は増えてきた

「もしものことがあったら…」とは
つまりこちらを信用してないということだ
最初から「あなたのことは信用してません」という患者に対して
はたして医者はどのように接したらいいのだろう

今はインターネットが普及したことがあって
中途半端に知識のある人も増えてきた

「それは違うんじゃないですか？」
「別のサイトではこういうふうに書いてましたけど……」
もちろん病気について自分で調べることは素晴らしい
だけどそれが素人の生半可な知識であるということも
意識しておいた方がいいのではないだろうか

信頼関係の築けない人どうしで　いったい何ができるのか
信頼関係の築けない人たちに　どんな未来が訪れるのか
ぼくはときどき　やるせない気持ちに襲われる

愛される患者、愛されない患者

愛される患者と　愛されない患者がいる

かたや家族や友人がひっきりなしに見舞いに訪れ
ベッドのまわりはいつもにぎやか
かたや見舞いに来る人は誰もおらず
生気のない表情でテレビを見ていたりする

ぼくは「病人」になったその人しか知らないが
その人は最初から「病人」だったわけではない
みんな元気だったころがあって　たまたま今「病人」になって
ぼくのところにやって来たのだ

そう考えると　いろんなことがはっきりする
いま愛されている患者は　これまでも愛される人生を送ってきて
だからみんなに愛されているということ
愛されない患者は　これまで愛されない人生を送ってきたから
いまもそうであるということ

病気は単なるきっかけにすぎない
人の人生は病気の前から変わらずあって
病気になって以降も　これまでの蓄積が出ているだけなのだ

ぼくは自分のこととして考えてみる

ぼくだったら　どれだけの人が見舞いに来てくれるだろう？

ぼくは「人間の資産」をちゃんと蓄えられているのだろうか？

男はひとりでは生きていけない

若くして命を落としたり
社会復帰できないような病気にかかる男性には
ある特徴があることに気が付いた

彼らはみな独身、単身赴任、離婚などによる
ひとり暮らしだったのだ
彼らはひとりであるがゆえ　飲酒量が増えたり
塩分摂取量が増えたり　喫煙回数が増えたりするのだが
いくら注意しても　それを減らしたりやめることができない

それは彼らが「ひとり」であることが原因だと思う
そもそも男はひとりでは生きていけないようにできている
女は自分の身の回りのことができる生き物だが
男にはそれができない
ひとりになるとカップラーメンばかりになり
しょぼくれていく人がほとんどだ

あくまでぼく個人の感覚としては
離婚した男性が生物学的にいちばん弱いと思っている
離婚のショックも加わって　極端に生命力が落ちてしまうのだ

だから男性の方は気を付けてほしい

長生きしたければ　どうか奥様を大切に……

死 が 遠 い 国 ・ 日 本

いくら医学が進歩しても
その人にいつ死が訪れるか　どのような形で訪れるかまでは
決してわからない

たとえば若くしてガンになってしまう人がいる
どうして？　なぜ？　理不尽だ……
そういうことはたびたび起こる
死は問答無用に訪れる

これまで医者として働いてきて　ぼく自身も感じている
医学の進歩である程度の推測や予防はできるが
それでも最終的な生死を決めるのは
人智を超えた「運命」であるような気がしている
医者に患者の「運命」を変えることはできない

だけどそれは悲しいことだろうか？

「人は必ず死ぬ」というのは誰もが知っている真実ではなかったか？

日本人はこれまで死を遠ざけすぎてきたのかもしれない

死を意識することで人は限りある人生を享受できるのかもしれない

死は必ず来る──だから何が必要で、いま何をするべきか？

そんなふうに逆算の発想で人生を組み立てることができるかもしれない

もしあなたが──あなたの大切な家族がガンになったらどうするか？

一度真剣に考えてみてはどうだろうか

ブラザーとの出会い

仕事や人生にすっきりしない想いを抱えていたぼくは
数年前　ある男と知り合った
彼の名は　ブラザーということにしておこう

ブラザーはブラジルから日本にやってきた
おじさんといっていい齢の男だ

ブラザーはぼくの担当する外国人患者の
「つきそい」として病院に来ていた
ブラザーが来るようになって1年が経ったころ
ぼくは彼にたずねてみた

きみは彼の通訳か？

「違う。ただのつきそいだ」

どうして毎月時間がとれる？　お金をもらっているのか？

「そんなわけないだろう」

彼はきみの会社で働いている従業員か？

「いや、ただの友達だ」

ブラザーは月１回　外国人患者と病院に来た

怪しい商売でもしているのかと思ったけど　そういうわけでもなさそうだ

それにしても友達が困っているからといって

大の大人が　毎月病院へのつきそいをするものだろうか？

同じブラジルの仲間だからというだけの理由で……

ぼくは　誰もが忙しくしている日本じゃ考えられないことだと思った

そしてこのブラザーに興味を持った

日本人はネガティブ？

ぼくはブラザーをつかまえて　聞いてみた
どうしてそんなふうに親切にできるの？
友達のために無償で行動できるの？

話していくと　自分が損得勘定だけで動いていることに気付かされた
ブラザーは細かいことなんて気にしない
「だってみんなが楽しい方がいいじゃん」
「まわりの人にやさしくするのはあたりまえだよ」
そんなふうに笑うのだ

ぼくはカルチャーショックをうけた
これまで自分が普通だと思ってきたことは
外国から見れば　全然普通じゃないのだ

そして日本人はネガティブで
心配性だということにも気が付いた

それは挨拶にもあらわれている
英語は「グッドモーニング ＝ いい朝ですね」とポジティブだ
何の確証もないのに「いい朝ですね！」と決めつける
だけど日本は「おはようございます ＝ 今日も早いですね」と
相手の顔色をうかがうところから一日がはじまる

彼らは他人の顔色をうかがわない
自分の人生を楽しむことに正直だ

そんなとき　ブラザーがぼくに言ったのだ
「今度家で BBQ をやるから来ないか？」

BBQと海

次の日曜日　ぼくはブラザーの家に向かった
家に行ったら　たくさんの人がいた
白人　黒人　アジア人　さまざまな人がいる
齢もばらばらで　小さい子供からおじいさんまでよりどりみどり
誰と誰が家族で　誰と誰が夫婦なのかわからないくらい
みんな入り乱れて　笑い声が響いている

どうやらブラザーは毎月のように知り合った人を家に呼んで
BBQ をしているみたいだった

でもぼくはそれが楽しかった
昼間からビールを飲む　太陽の下で肉を焼いて食べる
くだらない冗談を言って笑い合う　知らない人と会話を楽しむ
たったそれだけのことがばかみたいにおもしろい

ブラザーの家の前には　海がひろがっていた
ぼくたちはそれを眺めながらビールを飲んだ
海はしずかで　おだやかで　見ているだけで心が落ち着いた

おなかがいっぱいになったころ　ブラザーが言った
「知り合いがヨットを持っているんだ　これから乗らないか？」

満ち足りた時間

ブラザーの一言で　ぼくたちはヨットに向かった
ぼくは内心どきどきしていた
これまでヨットなんて乗ったことがない

だけど海はすばらしかった
風がほほをなでる
潮の香りが鼻をくすぐる

ちょうど海は夕暮れで
夕焼けが空いっぱいに広がっていた
海がこんなにきれいな色に染められている時間
いつも病院に残って仕事をしていたことを
ぼくは心から悔しく思った

太陽が西の空に沈むのを見届けると
ブラザーは「今日は朝までここですごそう」と言った
イカリを下ろして船を停泊させ
ぼくらはまたビールをあけて　食べたりしゃべったりする

いったいどれくらい時間がすぎたのだろう
空にはたくさんの星が出ていた
海の上で見る星空は　何物にも代えがたいほど美しかった

ぼくは星空に気づける自分でいることが嬉しかった
星々を美しいと思える自分でいることに心がふるえた
ぼくはこのときはっきりと「これがぼくの幸せだ」と心に刻んだのだった

海の上での決意

ヨットに揺られて夜の海をながめていると　いろんなことを思い出した
学生のころのこと　社会人になってすぐのこと
眠っていたひきだしが開いて　いろんなものがあふれ出した

そしてぼくは不思議に思った
「あのころはいまより全然お金がなかったけど　何の不安もなかったな
それなりに楽しくすごしていたよな」

そこからまじめに考えた
いま　ぼくは将来が不安だから　がむしゃらに働いているけど
はたして本当にそれしか道はないのだろうか？
自分にはこの仕事しかない　この病院を辞めたらどこにも行く場所がない
そんな恐怖から　いまの生活にしがみついているけど
本当にそれが正解なのだろうか？

海は月あかりを映して揺れている

お金があっても幸せじゃなければ何の意味もない
何に使うのかわからないお金に追い立てられて
心を殺して今を生きるのは　もううんざりだ

海はぼくの決意をやさしく受けとめてくれるような気がした

可能性は無限大

海の上にいると　いろんな考えがわいてくる
環境を変えると発想まで変わってしまうことに
ぼくは少しおどろいていた

海は自由だ
そんなふうに思ったのだ
ヨットはいまこの瞬間の風と潮だけ使って走る
どんなルートを通ってもいい
どんなやり方を試してもいい
もしも潮の流れが悪ければ　予定を明日に延ばせばいいだけ
海は自由だ
可能性は無限大に広がっているのだ

一方　陸にいるときはどうだろう
陸には道というものがある
道は誰かが決めたもので
みんな道を歩くのがあたりまえだと思っている

道は便利かもしれないけど　きゅうくつに感じるときもある
自分の頭で考えることもなく　ただ舗装された通りを進むだけ
これまでのぼくの人生もそうだった
いくつかある「道」を選んで　そこから外れないように歩くだけだった

だけど大昔は陸の上には道なんてなくて
みんな自分の歩きたいところを好き勝手に通ってたんじゃないのかな？

もともとすべては自由だったのだ
この海のように可能性は無限だったのだ

価値観は多種多様

海を見ながらつくづく思ったのは
これまで自分は本当に狭い世界にいたってことだ

家と仕事場の往復
仕事場にいるのは会社だや病院に忠誠を誓ったような人ばかり
たまに会う昔の友達も　ささやかな幸せを守るために
毎日あくせく働いている

だけどブラザーに会って以降　ぼくの世界は広がった
今日もいろんな国から来た　いろんな肌の色の人と話をした
みんなびっくりするくらい考え方が違っていた

これまで悩んでいたことが　だんだんどうでもいいように思えてきた
「こうしなきゃいけない」「こうすることが当然」と思っていたことが
「なんで？」「そんなことする必要あるの？」とあっけなく壊されていく

それはとても気持ちがよかった
そうだ　別にそんなルールに縛られる必要をはないんだ
日本の「常識」は世界の「非常識」だったりするんだ

自分がいま信じている価値観は本当に正しい価値観か
ぼくはもう一度考えてみようと思った

飛び出してみたらどうだろう

飛び出してみたらどうだろう
もしもいまいる場所に息苦しさを覚えているのなら
思い切ってジャンプしてみる
その世界から飛び出してみる

会社、国、家族、友人関係のコミュニティ……
一度飛び出して　外からその世界を眺めてみる
そうすることで得られるものはずいぶんあるとぼくは思う

「こういう価値観もあるんだな」という新しい発見がある
違う価値観にふれることで自分のことも見つめられるはず
固定概念が壊され　新しい発想も生まれるかもしれない

大事なのは利害関係のない友人を作ることだ
仕事関係以外の人とコミュニケーションをとってみよう

ただ　そんな時間も余裕もないのがいまの日本人かもしれない
だけど勇気とヤル気があれば
そんなのどうにでもなるってぼくは思っている

だから　飛び出してみたらどうだろう
小さな勇気が　あなたをよみがえらせてくれるはずだから

海 か ら 陸 を 見 る

海に出て気づいたことがもうひとつある
海から陸を見るという経験をしたことだ

あたりまえだけどぼくはこれまで陸の上で生きてきた
陸から海を見ることはあっても
海から陸を見ることは一度もなかった

だけど今回　ぼくはヨットに乗って初めて海から陸を見た
海から見る陸の景色はとても新鮮だった

いつも行くスーパーマーケットとホームセンターは
意外と近くにあることがわかった
いつも通勤で通る道は　今日は休日で車も少なく
おだやかな表情を浮かべているように見えた

ずっと街を眺めていると
だんだんいとおしい気持ちが胸にあふれてきた

あそこには　ぼくの妻もいるし　子供たちもいる
彼らのためにもぼくは元気でいなきゃいけないし
これからも家族といっしょに
楽しい思い出をたくさん作りたい

離れることでわかることがある
いったん遠ざかることで大切なものが見えてくる

ぼくは波に揺られながら
今度の日曜は家族と一緒にどこに行こうか
そんなことばかり考えていた

家族は体の一部

家族はぼくの体の一部
そんなふうに思っている

子供が生まれてから　ぼくは変わった
未来のことや日本のことを　本気で考えるようになった
「ぼくはこの子に胸を張れる生き方をしているだろうか？」と
真剣に考えるようになった

めんどうなこともたくさんあるけど
子供はたくさんのことを与えてくれる
毎日一緒に寝るだけでも元気をもらえる

独身のときは休日が仕事でつぶされるのは
自分の時間がなくなるだけなので　まだ我慢できた
だけどいま土日まで働かされるのは
家族の時間が奪われるということ
それは絶対に受け入れられない

もちろん子供は大変で
いっしょにいるとストレスもいっぱいある
我慢しなきゃいけないことも格段に増えた

でも彼らは体の一部なんだから仕方ない
「頭」を無視して「足」が走れないように
「おなか」が痛いと「口」がうまく回らないように
家族はぼくの体の一部

だからみんなで一緒に幸せにならなくちゃいけないんだ

本当の幸せとは何だろう？

夜がふけると
みんなは横になって眠りはじめた
だけどぼくは眠れなくて　海を眺めた

今日自分が感じたことを
改めて整理したいと思ったのだ

いったい本当の幸せとは何だろう？
これまでぼくは仕事をひたすらがんばることが
幸せなのだと思っていた
なんでもガムシャラにがんばって　なるべく波風を立てず
将来のためにお金をためて　少しでも早く高みへ向かう──
そうやって前のめりに生きるのが正しいことだと信じていた

でも今日会ったみんなは違う
何もなくても楽しそうな笑顔を浮かべている
海の上はいつだって風が吹いて　星がまたたいている

本当の幸せとは何だろう？
ぼくは何を幸せと感じているのだろう？

幸せになるためには
お金と時間をコントロールすることが必要だ

頭の中にそんな想いがフッとわいた
そうだ　人生を幸せにするためのポイントはそれだ！

じゃあどうやったらお金と時間はコントロールできるのだろう？

週4日労働　週3日休日

時間とお金

ぼくらの生活を制限しているのは

その2つだ

時間があるけどお金がないのは不自由だ

かといって　お金があるけど時間がないのは悲しい

つまり時間とお金のほどよいバランスが大事だってこと

時間も　お金も　仲間も　趣味も

すべてを自分らしく配分するにはどうしたらいいだろう？

週4日働いて週3日は家族や自分のために使う

そんなことはできないだろうか？

週4日労働で給料は今より減るかもしれない

だけどお金があってもやりたいことに使えないより全然いい

お金の制限を受けないための秘策がある

ぼくは自分の人生から「家を買う」という選択肢を外している

30年も40年もローンを組むなんてまっぴらだ

持ち物が少なければ選択肢は広がる

・家は買わない

・働くのは週4日にしてあとは好きなことをする

・仕事は早く片付け　無意味な居残りにつきあわない

・明日できることは明日に回す……

ひとつひとつマイルールを決めていくと

心の霧が晴れていくような気がした

自由になるためにやるべきこと

週4日働いて週3日休む
それはとてもアイデアのように思えるけど
もちろんそれが簡単な話じゃないこともわかっている

自由に生きるためにはやらなきゃいけないことがある

週4日の労働でお金を稼ぐにはどうしたらいいだろう？
仕事を早く片付けるにはどうしたらいいだろう？
面倒なつきあいに囚われず働くにはどうしたらいいだろう……

そのためには専門性のある技術を身につけることだ
誰にも真似できないレベルまで自分のスキルを引き上げることだ
自分の能力を極められるまで極めるのだ

それは口で言うほど安易なことではないだろう
そのためには時間もかかるし労力もかかる

だけどそこに挑戦しなければ
いつまでたっても　ぼくらは会社から自由になれない

だから自分自身を　磨いて　磨いて　磨きぬこう

自分の技術を　鍛えて　鍛えて　鍛えあげよう

自分がプロフェッショナルの領域に行けたとき

ぼくは時間とお金　両方を手に入れられるのだ

黄金のトライアングル

ぼくは夜明けまでまんじりともせず考えた
不思議なことにまったく眠くなかった
むしろ思考はどんどん整理され　頭の中は冴えわたっていた

きっと人生において大切なのは
「家族」「仕事」「趣味」
この3つのバランスをとることなのだ

言葉を替えれば
「人」「現実」「楽しみ」
そんなふうに言えるかもしれない

このトライアングルを日々どのように保っていくか
それはいつでも正三角形じゃなくていい
あるときは形が崩れて　いびつな三角形になってしまうこともあるだろう

それでもこの3つの点を忘れないようにしよう
トライアングルを常に意識しておこう
イメージするようにしておこう

山から太陽があがって　海面がきらきらと輝きだす

朝が来たのだ

ぼくは黄金色の風景に包まれて

自分の胸の中にも

たしかに黄金のトライアングルが刻まれたことを感じていた

夢見る時間が幸せ

BBQとヨットを体験した日から
ぼくの生活は変わった

いや　実際の生活はそれほど変わっていない
いろんなことはこれから変えていくつもりだけど
現実はそんなにすぐには変えられない

だけど気の持ち方が変わることで
見える景色は変わっていく

単純に　いろんなことが楽しくなった
仕事は減らすけど　手を抜くわけではない
逆に働きすぎると　労働の歓びは感じられなくなる
休むときに休むことで　仕事に対する集中力も増した

子供といっしょに過ごすのは嬉しいこと
子供の成長を見られることはいつだってハッピーだ
彼らの将来をイメージする
やっぱり外国語はしゃべれる方がいい

早くまたブラザーたちに会いたいと思う
ヨットに乗って夜の海を感じたい

いまは「こうなったらいいな」
「将来はこうしたいな」という夢がある
夢は叶うことも幸せだけど
思い描いている時点で幸せだ

幸せってそんな簡単なことなんだ

今を生きる

日本人は死に関して無関心すぎる

ぼくは医者として多くの死を見てきた
死は運命と呼ぶしかない偶然に左右されている
「絶対」という事柄はどこにもない
いつ何が起きるかは誰にもわからない

生きる　死ぬ
それは本当に紙一重だ

だから今を生きるしかない
幸運にも生きていられる今を大切にするしかない

死に関して言えば
お金をたくさん払えばいい医療が受けられて
問題が解決できるんじゃないかと思っている人もいるみたいだけど
それは違う

拝金主義の医者にいい医者なんていない
生命はお金で買えない
運命の前では誰でも等しく平等だ

だから今を生きるしかない
奇跡的に生きていられる今を充実させるしかない

ぼくの人生に後悔はない

これまでの人生を振り返って後悔はない
それはぼくが医師だからというわけではない
自分の人生にぼく自身が納得しているからだ

苦しかった時期　悩んでいた時期はたくさんある
ストレスで毎晩お酒に走った時期もあるし
あこがれの仕事についたものの　現実とのギャップに戸惑い
逃げたくなったこともある

だけどそれがなければ
妻と子供たちとは出会えなかった
仕事で壁にぶつからなければ
自分の人生について真剣に考えることもなかった

苦しい時期があったから　今の自分がある
すべては今の自分をつくるために必要だったのだ

そう考えられるのは　きっと今が幸せだからだ
悩んで　迷って　つかみとった「今」に満足しているから
「ぼくは人生に後悔はない」と胸を張れるのだ

これ以上の幸せがあるだろうか？

いや　自分が自分を好きになれない
これ以上の不幸せがあるだろうか？

いつもそばには海がある

最近思うのは
人生　自分なりにもがくのが重要だということだ

これまで何度も転んできた
そのたびに起きあがって強くなった
体で覚えたことは強い
それが今のぼくを作っている

急性の病気と慢性の病気の違いみたいなものだ
今の世の中　みんな薬で治そうとする
街に出れば抗生物質みたいな本や商売であふれている
だけど考えてみてほしい
５分でよくなる薬なんて　５分で悪くなる程度のものだ

大切なのは生活の根本を変えること
じっくり自分の人生に向き合って
習慣や考え方を変えていく
それは面倒かもしれないけど逃げてはいけないことだと思う

これからも　もがきながら　転びながら
人生をエンジョイしよう

そして　もしも不安になったときは
顔を上げてみればいい

いつもそばには海がある
世界でいちばんきれいな海が　すぐそばにあることを思い出せば大丈夫

やっていけるさ

「世界でいちばんきれいな海」制作スタッフ

清水 浩司　　Koji　Shimizu

作家・ライター。1971年、広島県生まれ。
川崎フーフー名義で発表した「がんフーフー日記」は「夫婦フーフー日記」としてその後映画化もされた。最新刊は広島が舞台の青春小説「愛と勇気を、分けてくれないか」。RCCの人気ラジオ番組「おひるーな」でパーソナリティを務める。

山本 速　　Sumiya　Yamamoto

1985年生まれ、安芸郡在住。広島県内の出版社に勤める。ドクターの友人の一人。

前崎 妙子　　Taeko Maesaki

デザイナー。1973年、広島県生まれ。二児の母。
出版社、制作会社を経たのち、出産を機にフリーランスのデザイナーに。グラフィック、エディトリアルデザインを主に手がける。

橋本 高伸　Takanobu Hashimoto

1986年生まれ、広島市佐伯区出身。カメラマン。フォトスタジオ「プロタート」の代表を務める。父親もカメラマンで、親子で活躍中。

Hiro

1984年、ブラジル生まれのカメラマン。呉市在住。日本人の祖母を持つ。1998年から日本での生活をスタートさせる。New bornフォトや家族写真に定評がある。Outstanding Award 2017（ブラジル）、AFNS Award 2017、2018（ドイツ）など世界の写真コンテストでの実績多数。Instagram「silviohirophotography」で検索。

世界でいちばんきれいな海

2019年1月30日　初版第1刷発行

著　　　者	ドクター	
発 行 人	田中 朋博	
編 集 人	山本 速	
構 成 ・ 文	清水 浩司	
装　　　丁	前崎 妙子	
写　　　真	橋本 高伸	
	Hiro	
発 行 所	株式会社ザメディアジョン	

〒733-0011 広島県広島市西区横川町2-5-15
TEL（082）503-5035
FAX（082）503-5036
http://www.mediasion.co.jp

ISBN978-4-86250-613-9 C0095 ¥1000E

印刷・製本　　シナノパブリッシングプレス